Authentic Guitar Tab/Vocal Edition

BEST OF BACHATA *for* Lead guitar

BACHATA EXITOS POR GUITARRA EN ESPANOL

Transcribed by **Juan Pablo Perez A.**

Produced by JOHN L. HAAG

Professional Music Institute LLC

EXCLUSIVELY DISTRIBUTED BY

HAL•LEONARD® CORPORATION

7777 W. BLUEMOUND RD. P.O. BOX 13819 MILWAUKEE, WI 53213

T0050709

Prologo

Gracias por adquirir "Lo Mejor de la Bachata para el Guitarrista Principal." En este libro verás las selecciones que han sido los títulos favoritos de todos los tiempos en este estilo llamado Bachata.

¿De donde viene la Bachata?

Bachata es un estilo musical que fué originado en la República Dominicana. Los músicos y compositores bachateros, en su mayoría, provienen de raíces muy humildes. Esa puede ser una de las razones por el cual la letra de la Bachata denota los diversos sentimientos del compositor ya sea el amor, la decepción, amor no correspondido y muchas veces, amor prohibido que es visto como un taboo en nuestra sociedad.

El ensamble típico de un grupo de Bachata consta de: Guitarrista Principal, segunda guitarra eléctrica, bajo eléctrico, bongos, campana, maracas y cantante o solista. Bachata También toma muchas influencias románticas del Bolero, el Cha cha cha y del Merengue Dominicano. La métrica de la Bachata es 4/4 y de tiempos ligeros que varían entre 110 a 138 pulsos por minuto. El sonido que más se destaca en este estilo es la guitarra eléctrica. El guitarrista principal usa efectos de sonido como el chorus, flanger, y reberbs. Musicalmente, este guitarrista principal usa fraseos muy distintivos que se parecen a los mambos de los metales en una banda de merengue. Muchas de estas frases inician la canción y son repetitivos. La forma común de una canción de Bachata consta de intro con la guitarra principal, verso, coros, interludio por la guitarra principal, segundo verso, coro y postludio por la guitarra principal.

A traves de este libro encontrarás la melodía de las canciones con acordes, letra, guitarra principal en notación tradicional y tablatura. La tablatura es una herramienta para facilitar la ubicación de las notas en el mástil de la guitarra. Cada numero denota la posición del traste y cada linea indican las cuerdas de la guitarra que deben ser tocadas por el guitarrista.

También incluido esta un CD con los ejemplos de las canciones completas con la melodía grabada con acordeón y la guitarra eléctrica.

Este libro es apropiado tanto para el músico principiante como para aquel que es experto en la guitarra.

Sin muchos preámbulos espero que con la ayuda de este libro, disfrutes, aprendas las canciones y te conviertas en uno de los mejores guitarristas que gozan de la Bachata.

Juan Pablo Pérez A.

Foreword

Thanks for acquiring "The Best of Bachata for the Lead Guitarist." In this book you will find those selections that have been the favorite titles of all time, in this style called Bachata.

Where does Bachata comes from?

Bachata is a musical style that was originated in the Dominican Republic. The vast majority of its musicians and composers mostly come from very humble roots. That could be one reason why Bachata lyrics denote the diverse feelings of the composer such as love, deception, non-reciprocated love and many times, prohibited love, which can be seen as a taboo in our society.

The typical Bachata ensemble consist of: lead electric guitar, second electric guitar, electric bass, bongos, cowbell, maracas and singers or soloist. Bachata takes many romantic influences from Bolero, Cha Cha Cha and the Dominican Merengue. Bachata's metric is 4/4 and with very bright tempos that may vary from 110 to 138 bpm. The lead electric guitar is the most distinguished sound in this style. The lead guitarist uses sound effects such as chorus, reverbs and flangers. Musically speaking, the lead guitarist uses very distinctive phrasings that resemble the mambos of the horn section in a Merengue band. Many of these phrases are played as intros to the songs and they are very repetitive. Usually Bachata songs are composed with the following form: intro by the lead guitar, verse, choruses, interlude by the lead guitar, second verse, chorus and outro by the lead guitar.

Throughout this book you will find the melody of the songs with chords, lyrics in Spanish, lead guitar in traditional notation and tablatures. The tablature is a tool designed to facilitate the location of the notes on the guitar fret board. Each number denotes the position of the fret and the lines are the strings that should be played by the guitarist. Also a CD is enclosed including tracks of the full songs with the melody recorded using accordion and electric guitar. This book is appropriate for both the novice musician as well as the expert guitarist. Without further introductions, I hope with the help of this book as a guide, you will enjoy, learn the songs and become one of the best guitar players who loves to play Bachata.

Juan Pablo Pérez A.

GUITARRA CHORDS

CHORD TYPE	C	C♯(D♭)	D	E♭(D♯)	E
MAJOR	C	C♯(D♭)	D	E♭	E
MINOR (m, min)	Cm	C♯m (D♭m)	Dm	E♭m	Em
DOMINANT 7th	C7	C♯7 (D♭7)	D7	E♭7	E7
MINOR 7th (m7, min 7)	Cm7	C♯m7 (D♭m7)	Dm7	E♭m7	Em7
MAJOR 7th (maj7, M7)	Cmaj7	C♯maj7 (D♭maj7)	Dmaj7	E♭maj7	Emaj7
DOMINANT 7th DIMINISHED 5th (7♭5, 7-5)	C7♭5	C♯7♭5(D♭7♭5)	D7♭5	E♭7♭5	E7♭5
DOMINANT 7th AUGMENTED 5th (7♯5, 7+5)	C7♯5	C♯7♯5(D♭7♯5)	D7♯5	E♭7♯5	E7♯5
DOMINANT 9th	C9	C♯9(D♭9)	D9	E♭9	E9
SUSPENDED 4th (sus, sus 4)	Csus	C♯sus(D♭sus)	Dsus	E♭sus	E sus
DIMINISHED 7th (dim, °)	Cdim	C♯dim(D♭dim)	Ddim	E♭dim	E dim

F	F♯ (G♭)	G	A♭ (G♯)	A	B♭ (A♯)	B
F	F♯ (G♭)	G	A♭ (G♯)	A	B♭	B
Fm	F♯m(G♭m)	Gm	A♭m(G♯m)	Am	B♭m	Bm
F7	F♯7(G♭7)	G7	A♭7(G♯7)	A7	B♭7	B7
Fm7	F♯m7(G♭m7)	Gm7	A♭m7(G♯m7)	Am7	B♭m7	Bm7
Fmaj7	F♯maj7(G♭maj7)	Gmaj7	A♭maj7(G♯maj7)	Amaj7	B♭maj7	Bmaj7
F7♭5	F♯7♭5 (G♭7♭5)	G7♭5	A♭7♭5 (G♯7♭5)	A7♭5	B♭7♭5	B7♭5
F7♯5	F♯7♯5 (G♭7♯5)	G7♯5	A♭7♯5 (G♯7♯5)	A7♯5	B♭7♯5	B7♯5
F9	F♯9 (G♭9)	G9	A♭9 (G♯9)	A9	B♭9	B9
Fsus	F♯sus(G♭sus)	Gsus	A♭sus(G♯sus)	Asus	B♭sus	Bsus
Fdim	F♯dim(G♭dim)	Gdim	A♭dim(G♯dim)	Adim	B♭dim	Bdim

Juan "Pablo" Pérez A.

Born in Caracas, Venezuela, Pablo was raised in a rich music culture. At age eleven Pablo became interested in the sounds of Jazz music. His experience with music and performance began to grow as he taught himself to play guitar. Later, Pablo began experimenting with the electric bass which opened doors for him to play with other local musicians. In 1994, he toured Venezuela as bassist for the well-known Rap/Merengue band Projecto Uno. Later that same year, Pablo moved to Chicago, IL. While in Chicago, Pablo studied both classical guitar with Les Peck and classical double bass with Julie Zumsteg and Michael Hovnanian, of the Chicago Symphony Orchestra. He also performed in the North Park University Orchestra, Gospel Choir and the Jazz Combo. In 1999, Pablo became a student at Berklee College of Music in Boston. While at Berklee, Pablo studied under and shared the stage with Oscar Stagnaro, Dave Samuels, Bernardo Hernandez, Victor Mendoza, Armstead Christian, Cheryl Bentyne, Eggi Castrillo, Mark Walker and many others. In March 2003 Pablo received the Bass Department Chair Award in recognition of outstanding musicianship and in August 2003 graduated, cum laude, in bass performance from Berklee. Pablo now resides in Santa Barbara, CA. where he performs with various groups in a variety of local venues. Feel free to check Pablo's website at www.jnpabloperez.com for more information.

Nacido en Caracas, Venezuela, Juan Pablo fué criado en una rica cultura musical. A sus once años, Juan Pablo empezó a interesarse por los sonidos del Jazz. Su experiencia con la música comenzó a crecer cuando aprendió a si mismo a tocar la guitarra. Mas tarde, Juan Pablo experimentó con el bajo eléctrico el cual abrió mas puertas con otros músicos locales. En 1994, Juan Pablo tocó en un tour por toda Venezuela como el bajista del bien conocido grupo de Rap-Merengue "Projecto Uno" . Después de este tour, Juan Pablo tomó la oportunidad de mudarse a Chicago, IL. Allí Juan Pablo estudió la guitarra clásica con el maestro Les Peck y el contrabajo con la maestro Julie Zumsteg y maestro Michel Hovnanian de la orquesta sinfónica de Chicago. También perteneció a la orquesta de la Universidad North Park, el coro gospel y el Jazz Combo quartet de la misma. En 1999, Juan Pablo se enlistó a estudiar en la prestigiosa Berklee College of Music en Boston, MA. Juan Pablo estudió y tocó bajo la tutela de los maestros Oscar Stagnaro, Dave Samuels, Bernardo Hernandez, Victor Mendoza, Armstead Christian, Cheryl Bentyne, Eggi Castrillo, Mark Walker y muchos otros. En marzo de 2003, Juan Pablo recibió el Premio del Departamento del Bajo en reconocimiento a su aptitud musical y en agosto se graduó cum laude de Berklee. Ahora Juan Pablo vive en Santa Barbara, CA. Donde siempre está tocando con su grupo y con otros proyectos en su localidad. Acércate a su pagina de la internet www.jnpabloperez.com para mas información.

Nada de Nada
Recorded by Frank Reyes

Transcribed by:
Juan Pablo Pérez A.

Words and Music by:
Miguel De La Cruz
aka/ Miguel Braho

BACHATA ♩ = 118

ba.   Te cre is-te due-ña de mi co-ra - zón_____ y a-hora na-da que-da de a-quel a-mor._

Verso 3:
Me cansé de rogarte a que te decidieras
Lo decidiste tarde y ya ves lo que queda.

Nada de Nada pg. 5 of 5

Transcribed by:
Juan Pablo Pérez A.

No Es Una Novela
Recorded by Monchy & Alexandra

Words and Music by:
Daniel Cruz Sánchez

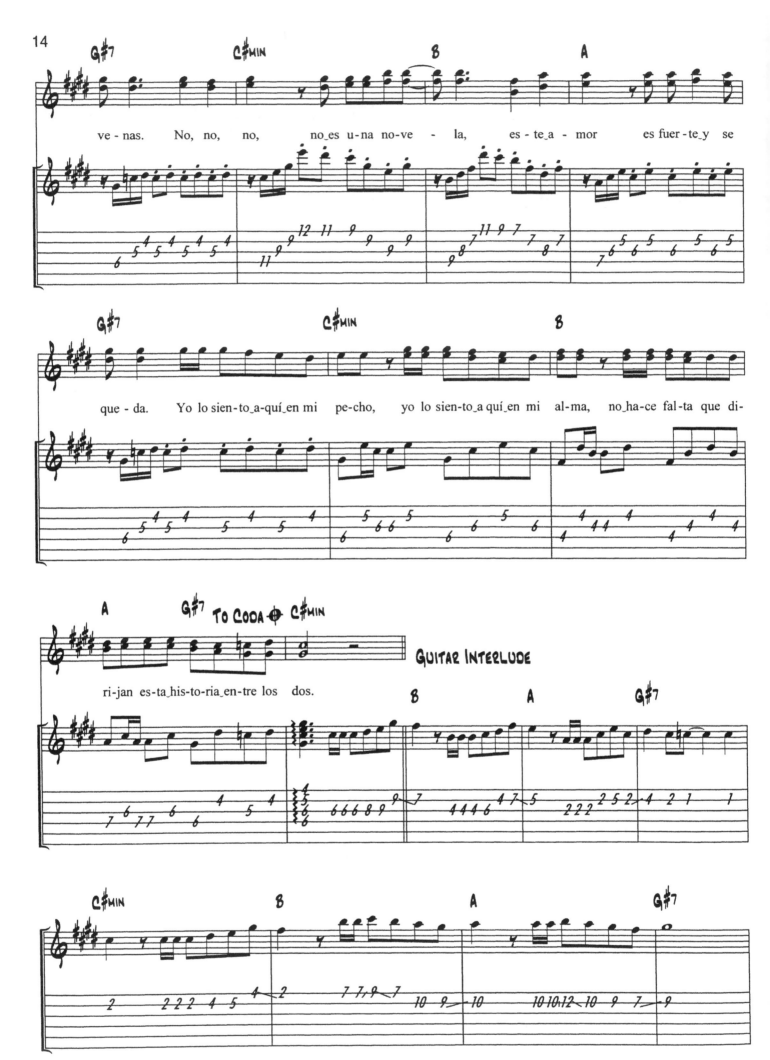

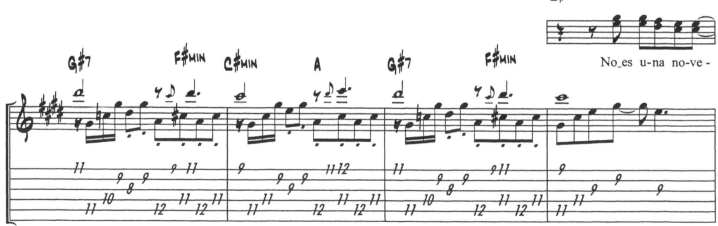

No es una Novela pg. 4 of 5

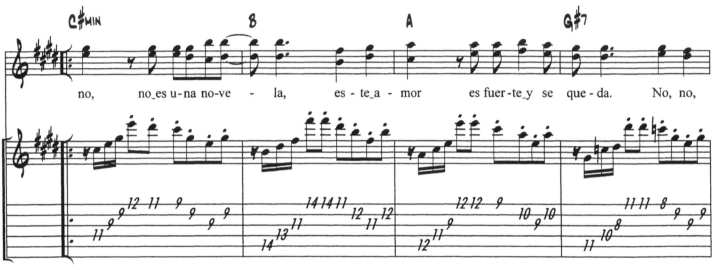

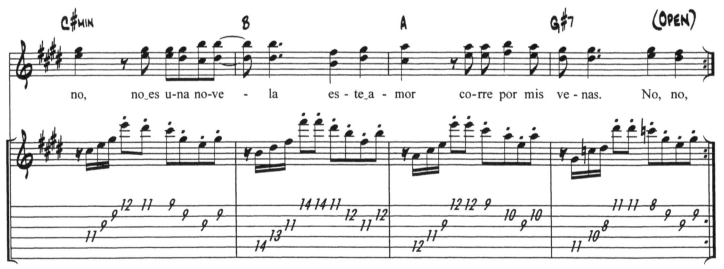

No es una Novela pg. 5 of 5

Transcribed by:
Juan Pablo Pérez A.

Mi Receta de Amor
Recorded by The Los Toros Band

Words and Music by:
Renato "Rento" Arias

BACHATA ♩ = 110

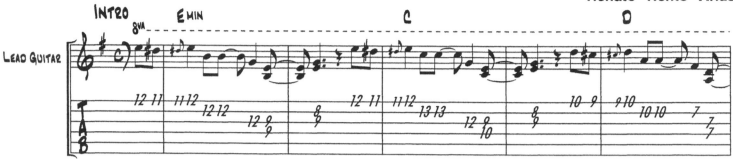

Mi Receta de Amor pg. 3 of 5

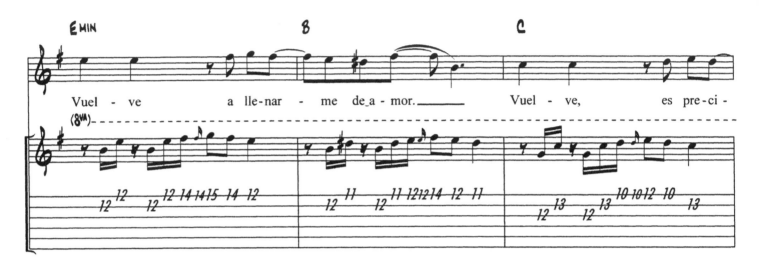

Mi Receta de Amor pg. 4 of 5

Transcribed by:
Juan Pablo Pérez A.

Perdidos
Recorded by Monchy & Alexandra

Words and Music by:
Daniel Cruz Sánchez and Jaime Rovira

Perdidos pg. 2 of 6

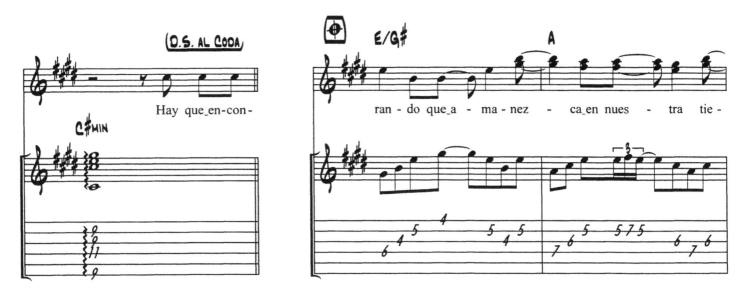

Transcribed by:
Juan Pablo Pérez A.

No Tengo Suerte en el Amor

Recorded by Yoskar Sarante

Words and Music by:
Héctor Peña Pacheco

1. A - tra - vés del tiem - po he ve - ni - do es - cu - chan - do que ha - blan del a -
2. Ten - go el al - ma pu - ra, no guar - do ren - co - res en mi co - ra -

mor.
zón.

Di - cen que es la glo - ria, que es un don di -
Cuan - do es - toy que - rien - do yo me en - tre - go en -

No Tengo Suerte en el Amor pg. 2 of 4

No Tengo Suerte en el Amor pg. 3 of 4

No pier-do la_es - pe-ran - za de_un día_es - cu - char

que yo__ soy tu due - ño._____

(TACET 2ND X'S)

No Tengo Suerte en el Amor pg. 4 of 4

fin

Transcribed by:
Juan Pablo Pérez A.

Princesa
Recorded by Frank Reyes

Words and Music by:
Rafael Martin Cespedes

Te re - cuer-do co-mo ni - ña_a-que - lla en la_es-cue-la. La que se creí -

- a la rei - na del sa-lón. La de o - ji-tos sal-to-nes_y mi - ra - da tra-

vie-sa. La que de - jo_en mi al-ma la pri - me - ra_i-lu-sión. Te re-

Princesa pg. 4 of 5

Transcribed by:
Juan Pablo Pérez A.

Quien Eres Tu
Recorded by Frank Reyes

Words and Music by:
Martin De León Tirado

BACHATA ♩ = 131

GUITAR INTERLUDE

Quién Eres Tú pg. 4 of 5

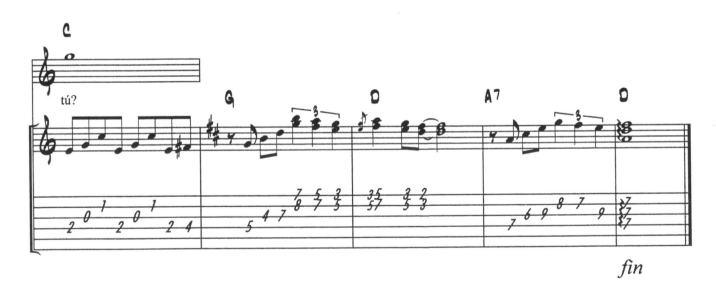

Quién Eres Tú pg. 5 of 5

fin

Transcribed by:
Juan Pablo Pérez A.

Tu Eres Ajena
Recorded by Frank Reyes

Words and Music by:
Alejandro Montero Lorenzo

BACHATA ♩ = 131

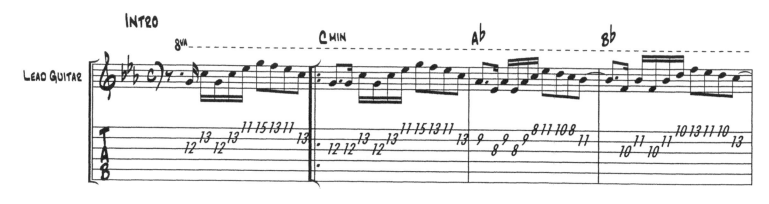

Al co-no - cer - nos me pro-me-tis - te   dar-me tu_a - mor pa-ra to-da la vi-

Tu Eres Ajena pg. 5 of 5

Transcribed by:
Juan Pablo Pérez A.

Un Poco De Ti

Recorded by Alex Bueno

Words and Music by:
Jorge Morel

1. U - na tar-de-de es - tas voy a_ha - blar-te de mi_a - mor.

Y voy a de-cir - te lo que sien - to.___ Voy a re-ve-lar to - do lo_que hay

me. Ay co - ra - zón quie - re - me._____ Quie-re - me.

GUITAR INTERLUDE

Verses:

2. Voy a ser el guardían que cuide tus pasos.
Cubriré tu cuerpo con el calor de mis manos.
Las cosas imposibles por tí las haré.
Un mundo distinto para tí construiré.
Te daré el murmullo de mi silencio.
Te diré las cosas que aún no pienso.
Para ver si un poco de tí logro tener.
Voy a hacer las cosas que nunca he podido hacer.
Ay amor, ay amor.
Coro:
Ay corazón quiereme, quiereme **(6x's)**

3. Oye niña linda voy a hablarte de mi amor.
Y voy a decirte lo que siento.
Voy a revelar todo lo que hay en mi corazón.
Yo voy a dejar de escribir versos.
Voy a desnudar mis pensamientos.
Voy a darte el borde de mis sueños.
Para ver si un poco de tí logro tener.
Voy a hacer las cosas que nunca he podido hacer.
Ay amor, ay amor
Coro:
Ay corazón quiereme, quiereme **(6x's)**

Transcribed by:
Juan Pablo Pérez A.

Veneno

Recorded by Luis Vargas

Words and Music by:
Elvis Samuel Méndez

BACHATA ♩ = 135

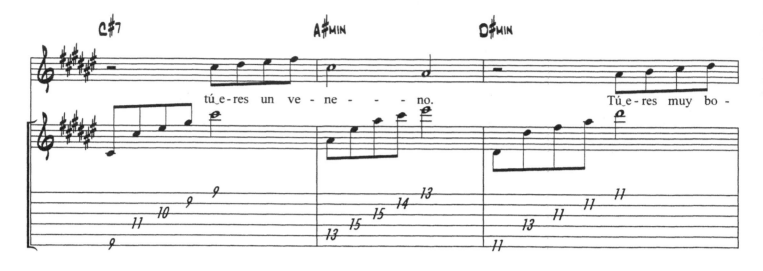

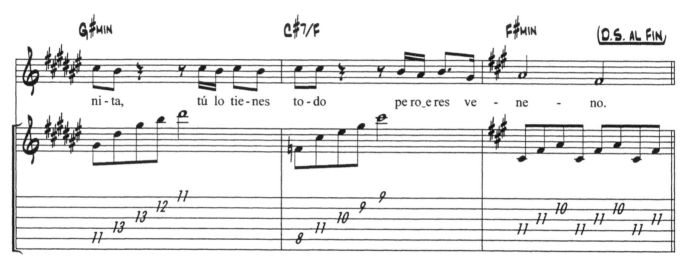

Veneno pg. 5 of 5